Wolfram Hänel

Kleines Pony Fleck

Bilder von
Marina Rachner

Verlag Friedrich Oetinger · Hamburg

Einband- und Reihengestaltung: Ralph Bittner und Manfred Limmroth
Titelbild und farbige Illustrationen von Marina Rachner
Reproduktion: Domino Medienservice GmbH, Lübeck
Druck und Bindung: Mohn Media · Mohndruck GmbH, Gütersloh
Printed in Germany 2005
ISBN 3-7891-0615-1

www.oetinger.de

1.

Es ist Samstag. Alissa und ihr Vater kommen gerade von einer Pferdeschau aus einem Dorf in der Nähe. Jetzt sind sie auf dem Weg nach Hause.
„Isländer sind die besten Pferde, die es gibt", erklärt Alissa ihrem Vater. „Wenn ich mal ein Pferd habe, dann nur ein Isi und sonst gar nichts."
Alissa will unbedingt ein Pferd haben. Und sie weiß auch schon ziemlich viel über Pferde. Sie war nämlich gerade erst auf einem Pferdehof an der Nordsee. Drei Wochen lang!

Deshalb weiß sie, wie man ein Pferd putzt und wie man einen Stall ausmistet. Und reiten kann sie auch. Das Einzige, was ihr fehlt, ist ein eigenes Pferd.
Leider findet Alissas Papa überhaupt nicht, dass Alissa ein eigenes Pferd braucht.
Aber Alissa gibt nicht auf.
„Du hast ja selbst gesehen, was Isländer alles können“, sagt sie. „Sie haben zum Beispiel ...“
„Fünf Gänge und nicht nur drei“, sagt Alissas Papa, „ich weiß.“
„Genau“, sagt Alissa, „und wie heißen die Gänge?“
„Rennpass.“
„Und?“
„Törk“, sagt ihr Papa wie aus der Pistole geschossen. „Du siehst, ich höre dir immer genau zu, wenn du mir was erzählst.“
„Tölt!“, stöhnt Alissa. „Der Gang heißt Tölt und nicht Törk.“

„Das ist doch egal“, sagt Alissas Papa.
Gleich darauf ruft er plötzlich: „Oje! Jetzt habe ich es fast vergessen. Wir sollten ja noch frische Eier mitbringen!“
Alissa verdreht die Augen. Sie hat es wirklich nicht leicht mit ihrem Papa. Und sie ist sich ziemlich sicher, dass er ihr überhaupt nicht zuhört. Es ist zum Verzweifeln!
Alissas Papa blinkt und biegt rechts ab.
Auf einem Schild steht:

Sie fahren an einem Bauernhof vorbei. Auf dem Schornstein ist ein Storchennest. Aber der Storch ist nirgends zu sehen.

Die Straße wird immer schlechter. Das Auto rumpelt durch tiefe Schlaglöcher. Dann ist die Straße plötzlich zu Ende.
„Sehr merkwürdig“, sagt Alissas Papa.
„Guck mal da, hinter der Hecke, da ist noch ein Haus!“
Alissa zeigt auf ein Dach, das zwischen den Büschen zu sehen ist.
Sie steigen aus. Ein schmaler Trampelpfad führt durch einen kleinen Gemüsegarten. Und da ist das Haus! Mit einer windschiefen Birke daneben und einer rot gestrichenen Tür und roten Fensterläden.

„Niedlich“, sagt Alissa. „Fast wie ein Hexenhaus.“

Alissas Papa sucht nach der Klingel. Aber es gibt keine Klingel. Und als er vorsichtig an die Tür klopft, rührt sich nichts. Ratlos guckt er Alissa an.

„Warum gehen wir nicht über den Hof?“, schlägt Alissa vor. „Vielleicht ist da ja irgendjemand und hört uns nur nicht.“

Also marschieren sie ums Haus herum und durch ein klappriges Gartentor. Vor ihnen ist eine Wiese mit Apfelbäumen und rechts ein kleiner Stall.

„Hallo!“, ruft Alissas Papa. „Hallo, ist da jemand?“

2.

Im nächsten Augenblick kommt ein Gänserich um die Ecke geschossen, mit ausgebreiteten Flügeln und aufgerissenem Schnabel.
Alissa und ihr Vater drücken sich ganz dicht an den Gartenzaun. Alissas Papa tastet hinter seinem Rücken nach dem klapprigen Tor. Da streckt der Gänserich plötzlich böse fauchend seinen Hals vor und versucht, nach ihnen zu schnappen.
„Renn in den Stall, schnell!", ruft Alissas Papa und fuchtelt mit den Armen in der Luft herum, um den Gänserich abzulenken.

Alissa rennt auf den Stall zu.
Für einen Moment weiß der Gänserich nicht, was er jetzt tun soll. Und schon ist auch Alissas Papa im Stall und schlägt die Tür zu.
„Puh!“, stöhnt er. „Das war knapp.“
„Und wo sind jetzt die Hühner?“, fragt Alissa.
„Was?“, fragt ihr Papa.
„Wenn es hier Eier gibt, müssen doch irgendwo auch Hühner sein. Aber das hier ist kein Hühnerstall!“
„Stimmt“, sagt Alissas Papa, „das sieht eher aus wie ...“
„... ein Pferdestall“, sagt Alissa.

Alissa und ihr Vater gucken sich um. Der Stall ist dunkel und nicht sehr sauber. Durch die verschmierten Fensterscheiben dringt nur wenig Licht und Alissa und ihr Vater können kaum etwas erkennen.
Eine Katze streicht über den Dachbalken vor ihnen. Sie duckt sich unter einem Spinnennetz hindurch und bleibt dann reglos sitzen. Die grünen Augen hat sie auf Alissa gerichtet.
Draußen schimpft immer noch der Gänserich.
Unter der Decke jagen ein paar Schwalben hin und her. Sonst ist Stille.
Nein, da ist noch ein anderes Geräusch!
„Hörst du das?“, flüstert Alissa. „Da ist irgendwas!“
Alissas Papa nickt.
„Irgendwo dahinten. Hallo? Ist da jemand?“
Nichts. Keine Antwort. Nur das Geräusch. Es ist, als würde irgendetwas an den Boxenbrettern scheuern.

Und dann ist plötzlich ein Schnauben zu hören. Ganz leise nur, aber doch ganz deutlich!

„Komm“, sagt Alissa und fasst ihren Vater an der Hand.

Schritt für Schritt tasten sie sich in den dunklen Stall hinein, bis sie vor einer niedrigen Box stehen.

„Ein Schecke“, flüstert Alissa und streckt die Hand aus.

Das gescheckte Pony hält ganz still. Es steht einfach nur mit hängendem Kopf da und lässt sich streicheln.

Schweif und Mähne sind von Schmutz verklebt. Und das Fell fühlt sich stumpf an.

Der Wassereimer in der Ecke ist fast leer. Das wenige Stroh auf dem Boden ist nass und halb verfault.
Aber da ist noch etwas, halb verborgen unter dem Bauch des Ponys und nicht viel mehr als ein dunkler Fleck!

3.

„He, was machst du?“, fragt Alissas Papa. Aber da hat Alissa schon die Boxentür geöffnet.
„Ganz ruhig“, redet sie leise vor sich hin, „ich tu dir nichts. Ich will nur sehen, was da unter dir ist.“
Das Pony schnaubt und stößt Alissa das weiche Maul gegen den Arm. Dann macht es einen Schritt zur Seite. Alissa bückt sich.
„Was machst du da?“, fragt ihr Papa nervös über die Boxenwand hinweg. Er beugt sich weit vor, damit er etwas erkennen kann.
Aber Alissa gibt keine Antwort. Sie streckt vorsichtig die Hand nach dem Bündel auf dem Boden aus, bis sie weiches Fell fühlt und ein noch weicheres Maul und ganz kleine Hufe.

„Alissa! Nun sag schon, was ist da?“, fragt ihr Papa wieder.
Diesmal dreht sich Alissa um.
„Ein Fohlen“, sagt sie, „ein winziges Fohlen, mit einem weißen Fleck auf der Nase!“
Alissas Stimme klingt, als könne sie es selber kaum glauben.
„Und?“, fragt ihr Papa. „Und jetzt?“
„Keine Ahnung“, sagt Alissa.
Das Fohlen hat die Beine unter den Bauch gezogen und zittert.
Die Stute kommt und bläst Alissa ihren warmen Atem in den Nacken. Sie stupst Alissa wieder mit dem weichen Maul gegen die Schulter. Es ist fast so, als wollte sie

sagen: „Lass dir irgendwas einfallen. Alleine schaffe ich es nicht. Ich brauche deine Hilfe."
Vorsichtig schiebt Alissa ihre Hand unter den Kopf des Fohlens.
„Du musst aufstehen", flüstert sie, „und du musst trinken!"
Aber das Fohlen macht nur müde die Augen zu und lässt den Kopf zurück ins Stroh sinken.
Alissa richtet sich auf.
„Erst mal müssen wir frisches Wasser holen", sagt sie.

„Vielleicht sollten wir erst mal rauskriegen, was hier eigentlich los ist“, meint Alissas Papa, „irgendwo muss doch jemand sein!“
Aber Alissa dreht schon den Wasserhahn auf. Während das Wasser in den Eimer rauscht, ruft sie ihrem Papa zu: „Ich glaube, ich möchte die Leute hier gar nicht kennen lernen! Wer seine Ponys so behandelt, muss ziemlich gemein sein!“
Alissas Papa sieht sich in dem verschmutzten Stall um und schüttelt den Kopf.

„Irgendetwas stimmt hier nicht“, sagt er.
Alissa schleppt den Eimer zur Box zurück. Der Eimer ist so schwer, dass sie fast die Hälfte verschüttet. Sie beugt sich noch einmal zu dem Fohlen und streicht ihm behutsam über den Rücken und die Seite. Dann klopft sie der Stute aufmunternd den Hals. Dabei ist ihr irgendwie ganz flau im Magen. Und als sie die Boxentür zumacht und die Stute leise hinter ihr herschnaubt, würde Alissa am liebsten heulen.
Sie ballt ihre Hände zu Fäusten und beißt ganz fest die Zähne aufeinander.
Als Alissa die Stalltür aufmachen will, sagt ihr Papa: „Warte!“
Er greift nach der Mistgabel, die neben dem Wasserhahn lehnt.
„Hast du etwa den Gänserich schon vergessen?“, fragt er und tritt vor Alissa auf den Hof hinaus.

Aber der Gänserich ist spurlos verschwunden. Er lässt sich nicht mal blicken, als Alissa und ihr Papa jetzt über die Wiese gehen und an die Hintertür des Hauses klopfen.
Weiter weg hören sie ein paar Gänse schnattern. Die Katze aus dem Stall springt lautlos auf den Gartenzaun und von da auf das Hausdach.
Alissas Papa drückt die Klinke herunter. Die Tür schwingt auf. Verblüfft gucken sich Alissa und ihr Vater an.
„Was ist das denn?“, fragt Alissa. „Die Tür ist offen?“
Alissas Vater zuckt mit der Schulter.
„Das ist in Dörfern manchmal so“, sagt er. „Jeder kennt jeden und die Leute vertrauen einander. Diebe gibt es auch nicht.“
„Außer uns“, sagt Alissa kichernd.
Alissas Vater steckt den Kopf durch die offene Tür und ruft: „Hallo?“

Vor ihnen ist ein schmaler Flur. Mit einer Treppe nach oben und einer Tür auf der rechten Seite. Es riecht ein bisschen muffig. Die Tür führt in die Küche. Auf dem Tisch stehen eine Kaffeekanne und eine Tasse, die erst halb leer getrunken ist. Daneben liegt eine Zeitung.

Alissas Papa dreht die Zeitung zu sich und guckt auf das Datum.

„Sechster Juni“, liest er vor, „das ist heute. Aber wo sind die Leute, die hier wohnen?“

Sie rufen noch mal „Hallo!“ und „Ist da jemand?“.

Aber als Alissa die Treppe hochwill, sagt ihr Vater: „Nein, das geht nicht. Wir können nicht einfach ein fremdes Haus durchsuchen."
Dann stehen sie wieder draußen in der Sonne unter den Apfelbäumen.
„Ich mache wenigstens die Stalltür auf", sagt Alissa, „damit ein bisschen Licht reinkommt. Pferde brauchen nämlich viel Licht!"

Alissas Papa nickt.
Natürlich macht Alissa nicht nur die Stalltür auf, sondern guckt auch noch mal nach der

Stute und ihrem Fohlen. „Fleck“ nennt sie es im Stillen für sich, wegen des weißen Flecks auf seiner Nase.
„Alles wird gut, Fleck“, flüstert Alissa, „jetzt bin ich ja da.“
Sie streckt dem Fohlen ihre Hand hin. Das Fohlen versucht an Alissas Fingern zu saugen.
„Du musst aufstehen, kleines Fohlen“, flüstert Alissa, „komm, ich helfe dir.“
Aber das Fohlen hebt kaum den Kopf.
Die Stute stupst Alissa wieder mit dem Maul gegen die Schulter.
„Wir müssen irgendwas machen“, sagt Alissa, als sie wieder neben ihrem Papa steht.
„Ich weiß auch schon, was“, sagt Alissas Papa. „Wir gehen zu dem Bauernhof zurück, an dem wir vorhin vorbeigekommen sind. Vielleicht wissen die Nachbarn ja, was hier los ist.“

4.

Als Alissa und ihr Vater zu dem Bauernhaus mit dem Storchennest kommen, springt ein schwarzweiß gefleckter Hund am Zaun hoch. Der Hund kläfft.
„Süß“, sagt Alissa.
„Vorsicht“, sagt Alissas Papa warnend, „man weiß ja nie.“
„Trotzdem süß“, sagt Alissa.
Am Tor hängt ein Schild: „HIER WACHE ICH!“
Darunter ist ein zweites Schild.
„Meier“, liest Alissas Papa laut.
„Glaubst du, der Hund heißt Meier?“, fragt Alissa.
Alissas Papa grinst. Aber bevor er antworten kann, geht die Haustür auf.
Ein Bauer kommt raus. Er steckt zwei Finger in den Mund und pfeift. Der Hund trottet zum

Haus zurück und legt sich neben ihn auf den Boden.
„Suchen Sie was?“, fragt der Bauer. Sehr freundlich klingt er nicht.
„Entschuldigung“, sagt Alissas Papa. „Wir kommen gerade von dem Haus dahinten, aber da ist niemand.“
Der Bauer sagt nichts.
„Eigentlich wollten wir nur frische Eier kaufen“, redet Alissas Vater weiter. „Aber dann waren wir im Stall.“
„Sie sind einfach in den Stall gegangen?“, unterbricht ihn der Bauer verblüfft.

„Na ja, also“, fängt Alissas Papa an zu stottern, „in den Stall sind wir wegen dem Gänserich, der da rumlief.“
„Aber es war gut, dass wir im Stall waren“, sagt jetzt Alissa. „Da steht nämlich eine Stute, die gerade ein Fohlen gekriegt hat. Aber der Stall ist viel zu dunkel. Und es war noch nicht mal genug Wasser da!“
„Genau“, sagt Alissas Papa und nickt.
Der Bauer mustert sie von oben bis unten. So als wäre er sich nicht ganz darüber im Klaren, was er von Alissa und ihrem Vater halten soll.
Aber Alissa redet schon weiter.
„Mit dem Fohlen stimmt irgendwas nicht“, sagt sie, „es will nicht aufstehen. Es liegt nur da und macht gar nichts.“
„Verstehst du denn etwas von Pferden?“, fragt der Bauer und klingt schon nicht mehr ganz so unfreundlich.

„Ein bisschen“, sagt Alissa ganz ehrlich. „Aber ich weiß, dass sich irgendjemand um das Fohlen kümmern muss.“
„Na, dann kommt vielleicht erst mal rein“, sagt der Bauer. „Ich heiße übrigens Meier. Aber ihr könnt Hannes zu mir sagen.“

„Wilfried“, stellt sich Alissas Vater vor.
„Alissa“, sagt Alissa.
Hannes macht das Zauntor für sie auf. Der schwarzweiße Hund kommt angetrottet und leckt Alissas Papa die Hand.
Alissas Papa guckt ein bisschen unglücklich.
Alissa lacht und krault dem Hund das Nackenfell.

„Tut mir Leid, dass ich so unfreundlich war", erklärt Hannes. „Aber wir mögen keine Fremden, die einfach auf den Hof kommen und so tun, als wären sie hier zu Hause."
„Klar", sagt Alissas Papa. Dass sie sogar in der Küche vom Nachbarhaus waren, sagt er lieber nicht.
„Es stimmt schon", sagt Hannes, „manchmal muss man sich kümmern, wenn irgendwas nicht in Ordnung ist. Aber macht euch keine Sorgen", setzt er noch hinzu.
Er geht vor Alissa und ihrem Vater her durch den Flur und erzählt, dass in dem Haus mit

der roten Tür eine alte Frau wohnt. Ganz alleine lebt sie da, nur mit ihren Gänsen, der Katze und dem Pony.

„Früher hatte sie auch noch Hühner“, sagt Hannes, „aber das ist schon lange her.“

Er erzählt auch, dass sich die alte Frau bisher nicht helfen lassen wollte. Sie wollte alles alleine machen.

„Wir haben trotzdem immer mal nach ihr geguckt“, sagt Hannes, „und als ich vorhin kurz drüben war, hatte die Stute gerade gefohlt.“

„Und?“, fragt Alissa.

„Nichts und“, sagt Hannes. „Die alte Luise schafft das nicht mehr, so einfach ist das. Aber ich habe nun mal keine Ahnung von Pferden, ich hab nur Kühe. Deshalb habe ich lieber gleich den Tierarzt angerufen, weil ich nichts falsch machen wollte. Er müsste eigentlich längst hier sein.“

Hannes guckt auf seine Uhr.
„Als der Hund gebellt hat, dachte ich schon, er wär's."
„Und was ist jetzt mit der alten Luise?", fragt Alissa. „Ich meine, wo ist die jetzt?"
„Die sitzt bei meiner Frau in der Küche und weint. Sie weiß nicht, wie es weitergehen soll mit der Stute und dem Fohlen. Das wird einfach zu viel für sie. Die Gänse hat sie ja auch noch!"
Hannes winkt Alissa und ihren Vater in die Küche. Auf der Bank sitzt die alte Luise und neben ihr die Frau des Bauern. Sie trinken Tee.

Hannes stellt sie vor.
„Die beiden kommen aus der Stadt“, sagt er.
„Eigentlich wollten sie nur frische Eier bei Luise kaufen. An der Straße steht doch immer noch das alte Schild.“
„Und dann kam der Gänserich“, sagt Alissas Papa.
Hannes’ Frau lächelt und setzt neues Teewasser auf.
„Wir haben gerade ein bisschen Sorgen“, sagt sie und nickt zu Luise.

Die alte Luise sieht nett aus, findet Alissa, nur sind ihre Augen ganz rot geweint und ihre Hände zittern.
Sie blickt Alissa traurig an.
„Hast du das kleine Fohlen gesehen?“, fragt sie. „Es ist gerade erst geboren.“
Alissa nickt. „Es ist total niedlich“, sagt sie.
Sie will der alten Luise nicht noch mehr Kummer machen, deshalb fügt sie hinzu:
„Wir haben frisches Wasser für die Stute in die Box gestellt, und gleich kommt ja auch der Tierarzt.“
Genau in dem Moment fängt der Hund wieder an zu bellen.
„Das wird der Tierarzt sein“, sagt Hannes und winkt Alissa und ihrem Vater, dass sie mitkommen sollen.

5.

Auf der Straße hält gerade ein Auto. Die Beifahrertür geht auf und ein Mädchen steigt aus. Es ist ungefähr so alt wie Alissa. Kaum hat der schwarzweiße Hund das Mädchen gesehen, winselt er und springt dann mit einem Satz über den Zaun. Das Mädchen fällt lachend auf die Knie. Der Hund schleckt ihr begeistert übers Gesicht.
Jetzt kommt ein Mann um das Auto herum und hebt eine Reisetasche aus dem Kofferraum.
„Ist das der Tierarzt?“, fragt Alissa verblüfft.

„Nein“, sagt Hannes lachend, „das ist unsere Tochter, Anna. Sie war drei Wochen mit ihrer Freundin in den Ferien, und Gustav hat sie nur schnell rübergebracht. Gustav ist der Vater von Annas Freundin“, setzt er noch hinzu.
„Ich muss gleich wieder los!“, ruft ihnen Gustav vom Auto aus zu. „Ich komme heute Abend noch mal vorbei.“
„Bring ein bisschen Zeit mit“, ruft Hannes zurück. „Bis dann. Und danke!“
„Danke! Und grüß schön“, ruft auch Hannes’ Frau, die gerade mit der alten Luise aus dem Haus kommt.
Gustav winkt noch mal zum Abschied und fährt los.
Anna rennt lachend zu ihren Eltern. Der Hund wedelt aufgeregt mit dem Schwanz und weicht ihr nicht von der Seite.
„Hallo, Paps!“, ruft Anna fröhlich. „Hallo,

Mama! Guten Tag“, sagt sie zu Alissa und ihrem Papa. Und dann entdeckt sie die alte Luise und sprudelt auch schon los: „Sag schnell, hat Mienchen schon ihr Fohlen?“
Die alte Luise nickt.

„Echt?!“, ruft das Mädchen. „Schade, ich wollte doch unbedingt dabei sein! Und wie sieht es aus? Kann es schon laufen?“
„Langsam, langsam“, sagt Hannes. Weiter kommt er nicht, weil jetzt tatsächlich der Tierarzt mit seinem Lieferwagen vor dem Haus hält. Er steigt nicht aus, sondern hupt nur.

„Fahrt schon mal vor“, sagt Hannes’ Frau, „ich komme mit Luise langsam nach.“
Der Tierarzt guckt ein bisschen verblüfft, als sie zu viert vor seinem Lieferwagen stehen.
„Wir können auch zu Fuß gehen“, schlägt Alissas Papa vor.
„Unsinn“, brummt Hannes, „das geht schon.“
Er klettert auf den Beifahrersitz. Alissa und ihr Vater und Anna müssen sich auf die Rückbank quetschen, wo alles Mögliche herumliegt. Der Tierarzt schiebt ein paar Sachen für sie beiseite.

„Wir können“, erklärt Hannes, als alle sitzen. Der Tierarzt lacht.
„Das nächste Mal komme ich vielleicht besser gleich mit einem Reisebus“, sagt er.
Er fährt sehr vorsichtig und ganz langsam. Sie rumpeln durch die Schlaglöcher.
„Was ist eigentlich los?“, fragt Anna. „Stimmt irgendwas nicht?“
Klar, denkt Alissa, Anna hat ja keine Ahnung, warum wir hier sind. Sie weiß ja noch nicht mal, wer wir überhaupt sind!
„Ich bin Alissa“, sagt sie deshalb, „und wir haben vorhin ganz zufällig das Fohlen entdeckt, als wir in den Stall gekommen sind.“
„Wir wollten nur frische Eier kaufen“, setzt Alissas Papa hinzu.
Anna guckt verständnislos von einem zum anderen.
„Alissa meint, dass mit dem Fohlen irgendwas nicht stimmt“, erklärt Hannes.

„Weißt du denn irgendwas von Pferden?“, fragt Anna. Sie blickt Alissa dabei an, als würde sie sich das kaum vorstellen können.
„Ein bisschen“, sagt Alissa.
„Wir werden ja gleich sehen, was los ist“, meint der Tierarzt und hält hinter dem Auto von Alissas Vater.
Als sie aussteigen, tut Anna so, als wäre Alissa gar nicht da.
Sie mag mich nicht, denkt Alissa. Dabei finde ich sie eigentlich ganz nett, nur vielleicht ein bisschen zickig.
Sie gehen hinter dem Tierarzt her zum Gartentor.
Als der Gänserich um die Ecke geschossen kommt, klatscht der Tierarzt nur kurz in die Hände. Der Gänserich faucht und schlägt mit den Flügeln, aber er rührt sich nicht mehr vom Fleck.
„Feigling“, sagt der Tierarzt. Bevor er in den

Stall tritt, dreht er sich zu Alissas Papa und Hannes um. „Ihr bleibt mal am besten draußen. Die Mädchen machen das schon."
„Das ist mir sowieso lieber", sagt Hannes.
„Pferde sind nicht mein Ding."
Alissas Papa nickt.
„Meins auch nicht", sagt er.
„Das dachte ich mir", sagt der Tierarzt.

6.

„Die letzte Box, ganz hinten“, sagt Alissa leise.
Die Stute wiehert, als sie die Boxentür öffnen.
Der Tierarzt kniet sich neben sie und beugt sich über das Fohlen.
Alissa und Anna stehen hinter ihm und verfolgen mit angehaltenem Atem jede Bewegung.
„Ein Hengstfohlen“, stellt der Tierarzt fest.
„Soweit ich sehen kann, ist alles in Ordnung.
Aber es muss aufstehen. Und es muss trinken. Kommt, helft mir mal!“

Gemeinsam richten sie das Fohlen auf. Für einen Moment steht es zitternd da, die Augen vor Angst weit aufgerissen. Gleich darauf knicken ihm die Vorderbeine schon wieder weg. Schnell hält der Tierarzt seinen Arm unter das Fohlen.
„Hoppla, junger Mann“, sagt er. Er schiebt das Fohlen unter den Bauch der Mutter und stupst es mit der Nase gegen die prall gefüllten Zitzen.

„Trink“, flüstert Anna, „trink, kleines Fohlen!“ Und das Fohlen streckt die Lippen vor und fängt an zu saugen. Alissa und Anna müssen es zwar noch ein wenig stützen, aber es trinkt. Und es schmatzt beim Trinken! Als ihm die Zitze aus den Lippen rutscht, stößt es aufgeregte kleine Quiekser aus, sodass Alissa fast kichern muss.
Leise grummelt die Stute vor sich hin, als wollte sie sagen: „Na endlich!“ Dann dreht sie den Kopf und fängt an, ihr Fohlen abzulecken.
„Na also“, sagt der Tierarzt, „der Anfang ist gemacht. Ich gebe beiden jetzt noch eine Spritze, ein bisschen was zur Stärkung“, erklärt er, während er nach seiner Tasche greift und die Spritzen aufzieht.
„Muss es nicht auch gleich geimpft werden?“, fragt Anna.
„Nein, das hat noch Zeit“, sagt der Tierarzt. „Ein Fohlen impft man erst ab dem vierten

Monat, vorher ist es durch die Milch der Mutter geschützt. Wie soll der kleine Kerl eigentlich heißen?“, fragt er dann. „Habt ihr schon einen Namen für ihn?“
„Fleck vielleicht, habe ich gedacht“, sagt Alissa leise. „Weil es doch den weißen Fleck mitten im Gesicht hat.“
„Was?“, ruft Anna. „Aber ich wollte ihm einen Namen geben!“
„Fleck ist doch schön“, sagt der Tierarzt. „Ein guter Name für ein Pony.“
„Wir können ja auch noch mal zusammen überlegen“, sagt Alissa.

„Wieso wir?“, fragt Anna. „Du hast doch gar nichts damit zu tun. Ich denke, ihr wolltet nur frische Eier kaufen!“
„Wollten wir ja auch“, sagt Alissa. „Und dann lag das Fohlen da und es war kein frisches Wasser im Eimer.“
„Das habt ihr völlig richtig gemacht“, mischt sich der Tierarzt ein. „Und es war in jedem Fall richtig, mich anzurufen. So ein Ponyfohlen ist zwar sehr robust, aber man weiß ja nie. Und alleine hätte die Stute es wahrscheinlich wirklich nicht zum Trinken gekriegt“, setzt er hinzu und klopft der Stute den Hals.

„Das war mein Vater, der Sie angerufen hat“, sagt Anna. „Nicht ihrer.“ Sie guckt Alissa böse an.

„Nun mach aber mal halblang“, sagt der Tierarzt und richtet sich auf. „Erstens: frisches Stroh, frisches Heu, frisches Wasser“, zählt er auf. „Und die Stute braucht Kraftfutter!“ Er streicht mit der Hand über das stumpfe Fell. „Außerdem muss sie dringend geputzt werden. Das könnt ihr doch, oder?“
Alissa und Anna nicken.

Der Tierarzt überlegt einen Moment.
„Aber wisst ihr was?“, sagt er dann. „Erst mal lassen wir die beiden ein bisschen auf die Wiese. Damit Fleck lernt, seine Beine zu sortieren. Okay?“
„Okay“, sagt Alissa.
Und als Anna wieder zur Seite guckt, fragt sie: „Weißt du, ob es irgendwo ein Halfter für die Stute gibt?“
„Natürlich“, antwortet Anna. „Da!“ Sie zeigt zur Stallwand. Aber dann nimmt sie das Halfter doch selber vom Haken und zieht es der Stute über den Kopf. „Sie heißt übrigens Mienchen, nur dass du es weißt.“
„Das gefällt mir“, sagt Alissa, „Mienchen, das klingt schön. Aber was ist Mienchen eigentlich? Was für eine Rasse, meine ich?“
Anna guckt sie kurz an. So als wäre sie sich nicht ganz sicher, ob sie überhaupt antworten soll.

„Gar keine Rasse“, sagt sie dann. „Ein Mix. Welsh-Pony und noch irgendwas anderes.“

„Ach so, klar“, sagt Alissa.

Anna zuckt mit den Schultern und führt Mienchen aus der Box.

Mienchen dreht sich um und wiehert. Das Fohlen steht mit schief gelegtem Kopf da und guckt verdutzt.

7.

Alissas Vater und Hannes stehen immer noch draußen unter den Apfelbäumen, als der Tierarzt ruft:
„Achtung! Gleich kommt Fleck!“
Er schiebt Fleck einfach hinter Mienchen her.
Fleck macht zwei unsichere Schritte und bleibt wieder stehen, die Vorderbeine weit gespreizt. Mienchen wiehert wieder.
Da versucht Fleck plötzlich einen Satz mit allen vier Beinen gleichzeitig. Dann senkt er den Kopf und prescht hinaus ins helle Sonnenlicht.
„Bravo“, sagt der Tierarzt und nickt, „gut gemacht.“
Fleck steht mitten auf der Wiese und hält die Nase in den Wind. Auf einmal rast er in komischen Sprüngen zwischen den

Apfelbäumen hindurch. Er stoppt und kommt auf viel zu langen Beinen zu Alissas Papa gestakst. Er streckt den Kopf vor und zupft an seinem Jackenärmel.
Alissa lacht. „He!“, schimpft Alissas Papa und versucht, seine Jacke in Sicherheit zu bringen. Aber dann muss auch er lachen.
Inzwischen sind auch Hannes’ Frau und die alte Luise angekommen. Und jetzt stehen sie alle miteinander auf der Wiese und gucken zu, wie Fleck die Welt entdeckt.

Der schwarzweiße Hund drängt sich neben Anna und hechelt. Der Gänserich dreht einen großen Bogen und verzieht sich dann zu den schnatternden Gänsen ins Matschloch. Miechen rupft zufrieden ein Grasbüschel nach dem anderen. Als Fleck angestakst kommt, um wieder zu trinken, hält sie ganz still. Sie sieht aus, als wäre sie sehr stolz auf ihren Sohn und ein bisschen auch auf sich.

„Alles bestens so weit", sagt der Tierarzt. „Aber ich fürchte, damit sind die Probleme trotzdem noch nicht ganz gelöst."

Die alte Luise nickt. „Ich kann das nicht alleine“, sagt sie leise und ihre Stimme klingt traurig. „Ich bin zu alt. Mit den Gänsen komme ich schon zurecht. Aber mit Mienchen und Fleck ...“ Sie schüttelt den Kopf.

Hannes’ Frau legt ihr den Arm um die Schulter.

„Wir finden eine Lösung“, sagt sie, „mach dir mal keine Sorgen.“

„Genau“, sagt Alissa. „Also wenn ich und Anna, äh, also, ich meine, Anna und ich ...“

„Was?“, fragt Anna.

„Also wenn ich vielleicht auch mal was dazu sagen darf“, sagt Alissas Papa und räuspert sich, „wir haben nämlich eben schon darüber gesprochen.“
Er guckt Hannes an.
„Wir haben zwei Ponys“, sagt Hannes. „Und wir haben zwei Mädchen, die beide ein bisschen pferdeverrückt sind. Ich finde, das passt gut.“
„Wir müssen natürlich noch mit Mama darüber sprechen“, sagt Alissas Papa.
„Ihr meint …?“ Alissa fängt an zu stottern.
„… dass Anna und ich?“
Alissa guckt ihren Vater an. Sie traut sich kaum zu glauben, was er da eben gesagt hat. Aber er meint es ernst! Er nickt!
„Das mit Mama kriegen wir schon hin“, sagt er, „es wäre doch gelacht, wenn nicht.“
Hannes zwinkert seiner Frau zu.
„Und, was meinst du?“

„Natürlich“, sagt seine Frau. „Luise und ich hatten auf dem Weg hierher schon dieselbe Idee.“

„Ihr glaubt ja gar nicht, wie froh ich bin“, sagt Luise leise, „und ich danke euch allen.“

Hannes lacht.

„Also“, sagt er zu Alissa und Anna, „was steht ihr da noch rum? Ihr habt jetzt zwei Ponys, um die ihr euch kümmern müsst.“

„Und falls ihr nicht wisst, was ihr machen sollt, fangt ihr vielleicht endlich mal an, den Stall auszumisten“, sagt der Tierarzt. Aber er meint es nicht böse. Im Gegenteil. Er sieht sogar sehr zufrieden aus.

Alissa dreht sich zu Anna.
„Okay?“, fragt sie.
„Okay“, sagt Anna nach einer kleinen Pause.
„Die Schubkarre steht da drüben. Und die Mistgabel ... “
„Ich weiß, wo die Mistgabel ist“, sagt Alissa und grinst.

„Ich gucke morgen noch mal kurz vorbei, ob alles in Ordnung ist“, sagt der Tierarzt. „Wenn vorher irgendwas sein sollte, ruft mich einfach an.“

Aber da sind Alissa und Anna schon im Stall verschwunden. Und Alissa hört nur noch, wie ihr Vater zu Hannes sagt: „Ich habe da noch eine Frage. Wir sollten nämlich unbedingt frische Eier mit nach Hause bringen, hat meine Frau gesagt."
„Kein Problem", sagt Hannes, „wir haben ein paar Hühner zu Hause."
„Verrückt", kichert Anna plötzlich los, „ihr seid wirklich nur hierher gekommen, weil ihr Eier kaufen wolltet!"
Alissa nickt.
„Die alte Luise verkauft schon lange keine Eier mehr", sagt Anna und kichert immer noch.
„Und das Schild?", fragt Alissa. „Da steht doch ein Schild vorne an der Straße."
„Das Schild ist uralt", sagt Anna, „ich weiß auch nicht, warum es da überhaupt noch steht."

„Ein Glück, dass es da noch steht“, sagt Alissa. „Sonst hätten wir uns nie kennen gelernt.“
„Stimmt“, sagt Anna und nickt. „Los, komm, es gibt viel zu tun!“
Anna schiebt die Mistgabel in das nasse Stroh und Alissa rückt die Schubkarre zurecht. Plötzlich steht Fleck hinter ihnen. Neugierig guckt er zu, was sie da machen.
„Fohlen sind ganz schön schlau“, sagt Anna. „Ponys überhaupt, finde ich, und erst recht, wenn sie ein Mix sind!“

„Klar, finde ich auch“, sagt Alissa und drückt Fleck schnell einen Kuss auf die Stirn. „Und vielleicht kriegen wir es ja hin, dass du auch Tölt und Rennpass lernst. Ein bisschen wenigstens“, flüstert sie ihm ins Ohr.

„Was hast du eben gesagt?“, fragt Anna.
„Ach, nichts weiter“, sagt Alissa und holt sich eine zweite Mistgabel.

Sonne, Mond und Sterne

MARLIESE AROLD
Hexe Winnie und der Zauberigel
Hexe Winnie in der Zauberschule
Hexe Winnie zaubert Weihnachten

KIRSTEN BOIE
Ein Hund spricht doch nicht mit jedem
Krippenspiel mit Hund
Kann doch jeder sein, wie er will
King-Kong, das Krimischwein
– 5 weitere King-Kong-Bände –
Lena wünscht sich auch ein Handy
– 6 weitere Lena-Bände –
Linnea klaut Magnus die Zauberdose

ERHARD DIETL
Die Olchis und der faule König
– 8 weitere Olchi-Bände –
Otto, der kleine Pirat
Otto und das Piratenmädchen

ZORAN DRVENKAR
Eddies erste Lügengeschichte
Eddies zweite Lügengeschichte
Eddie im Finale

WOLFRAM HÄNEL
Kleines Pony Fleck

ASTRID LINDGREN
Als der Bäckhultbauer in die Stadt fuhr
Pippi plündert den Weihnachtsbaum

BARBRO LINDGREN
Die Geschichte vom kleinen Onkel

PAUL MAAR
Das kleine Känguru lernt fliegen
– 3 weitere Känguru-Bände –
Der Buchstaben-Fresser
Der verhexte Knödeltopf
Die Eisenbahn-Oma
Die vergessene Tür
Jakob und der große Junge
Matti, Momme und die Zauberbohnen

CHRISTINE NÖSTLINGER
Quatschgeschichten vom Franz
– 14 weitere Franz-Bände –
Ein Kater ist kein Sofakissen

BETTINA OBRECHT
Nick und sein Lieblingstier
Nick und der neue Lehrer
Nick und das große Wettrennen

JO PESTUM
Das kleine Mädchen und das große Pferd

HANS PETERSON
Als wir eingeschneit waren

URSEL SCHEFFLER
Lanzelotta Rittertochter. Das große Turnier

THOMAS SCHMID
Pippa Lieblingstochter
Pippa Lieblingsfreundin
Schulgeschichen von Pippa

WILHELM TOPSCH
Carlchen geht zur Schule

CHRISTA ZEUCH
Die kleine Hexe Xixibix
Xixibix macht Hexenfaxen

Weitere Informationen unter:
www.oetinger.de